L178
d
41

La 178.
41.

LETTRE

DU

CONSISTOIRE

DE

L'ÉGLISE RÉFORMÉE DE LYON

AUX DIVERS CONSISTOIRES

DES

ÉGLISES RÉFORMÉES DE FRANCE.

A LYON,

DE L'IMPRIMERIE DE C. COQUE, RUE DE L'ARCHEVÊCHÉ,
N° 3.

LETTRE

DU

CONSISTOIRE

DE

L'ÉGLISE RÉFORMÉE DE LYON

AUX DIVERS CONSISTOIRES

DES

ÉGLISES RÉFORMÉES DE FRANCE.

Lyon, 19 novembre 1826.

MESSIEURS ET TRÈS-CHERS FRÈRES EN J.-C.
NOTRE SAUVEUR,

Nous avons reçu, d'une foule d'Églises réformées de ce royaume, les témoignages de la vive sollicitude que causait chez nos coreligionnaires la nouvelle des obstacles que l'on opposait à la célébration de notre culte, dans diverses communes rurales de ce département. Plusieurs journaux ont, à notre insçu, publié à ce sujet des récits inexacts, dans lesquels des circonstances et des faits importans sont omis ou défigurés. Ces motifs réunis nous engagent à vous faire aujourd'hui un narré succinct, mais fidèle, de ce qui s'est passé au milieu de nous. Nous joindrons à la suite toutes les pièces justificatives, et par leur lecture vous pourrez juger avec connaissance de cause une situation qui doit intéresser toutes les Eglises évangéliques de France.

L'Eglise consistoriale de Lyon renferme dans son sein plusieurs communes rurales où se trouvent un grand nombre de protestans. Ces communes sont à une distance de Lyon telle, que les protestans qui les habitent, ne peuvent que fort rarement se rendre dans notre temple pour participer à l'exercice du culte; ensorte que les personnes âgées ou infirmes sont entièrement privées de cette consolation.

Sur la demande des protestans de Tarare, un des pasteurs de Lyon s'y était rendu, il y a déjà quelque temps, afin de célébrer au milieu d'eux le service divin. Il y éprouva dans ses fonctions quelques contrariétés de la part des autorités locales. Aussi lorsque plusieurs autres communes se furent jointes à Tarare pour demander que de temps en temps un des pasteurs de Lyon allât les visiter, le Consistoire, pour éviter toute espèce d'obstacles qu'une fausse application des lois aurait pu susciter, écrivit à S. Exc. le Ministre de l'intérieur (1), afin qu'il voulût bien faire connaître aux autorités du département que protection était due à notre culte et à ses ministres. Cette demande fut reconnue parfaitement juste par Son Excellence le Ministre de l'intérieur, ainsi qu'il l'exprima à M. le Préfet du Rhône dans deux lettres successives, dont il fut donné communication verbale à nos pasteurs. M. le Préfet, parlant à ceux-ci, ajouta que nous n'avions qu'à lui indiquer les localités où nous voulions tenir nos assemblées religieuses, et qu'il se chargeait de donner aux maires des communes les ordres convenables. Ces localités lui furent indiquées. Nous ne nous attendions plus dès-lors à rencontrer aucune contrariété, lorsque M. le pasteur Claparède, célébrant le service divin à Sainte-Consorce, se vit tout-à-coup interrompu par M. le Maire de la commune, qui le somma de dissoudre notre réunion, lui annonça qu'il était en contravention à l'article 291 du code pénal. M. Claparède fit observer au Maire, que non-seulement les lois voulaient le libre exercice de notre culte, mais que dans cette circonstance il officiait encore avec l'agrément des Ministres de Sa Majesté, et celui du Préfet du département. Le Maire déclara alors au pasteur qu'il

---

(1) Voyez pièce n° I.

aurait à répondre devant le Procureur du Roi, ajouta divers propos menaçans, et dressa un procès-verbal de ce qu'il prétendait être un délit contre les lois. M. le Préfet nous écrivit à ce sujet (1) que les art. 291 et 292 du Code pénal, qui interdisent toute association qui formerait une assemblée de plus de vingt personnes, sans l'agrément du Gouvernement, ne regardaient point l'association des protestans, qui, autorisée par la loi, n'a pas besoin de l'être de nouveau par le Gouvernement; mais que les propriétaires des locaux où se tiendrait le culte, devaient requérir une permission de l'autorité municipale.

Quoique cette formalité ne nous parût pas s'accorder parfaitement avec la manière dont la Charte se prononce sur la liberté des cultes, elle fut néanmoins remplie dans les diverses communes dont les protestans réclamaient le ministère de nos pasteurs. Le Maire de Sainte-Consorce répondit à la demande qui lui fut adressée, par la permission suivante :

« Nous soussigné Maire de la commune de Ste-Consorce
» et Marcy, autorisons la veuve Cazot de recevoir chez
» elle, d'après la demande du 25 de ce mois, en assem-
» blée de prière, les protestans de la commune aux con-
» ditions ;

» Que les seuls religionnaires de la commune se réuni-

---

(1) Voy. pièce n° II.

» ront chez elle avec le ministre qui s'y transportera de
» Lyon ;

» Qu'aucun étranger à la commune ne fera partie des
» réunions, que préalablement ladite veuve Cazot ne nous
» en ait averti ;

» Que lesdites réunions seront sous notre surveillance
» spéciale, et que l'entrée du local où elles auront lieu
» sera toujours ouverte à nous ou à nos agens ;

» Que l'heure où elles auront lieu nous sera indiquée
» par ladite veuve Cazot, et que l'heure ne pourra être
» changée sans que nous en soyons prévenus.

» A défaut par la veuve Cazot de se soumettre auxdites
» conditions ci-dessus indiquées, elle se rendra coupable
» du délit prévu par les articles 292 et 294 du code pénal.
» Procès-verbal en sera dressé contre elle, pour lui faire
» appliquer les peines prévues par les articles précités. »

A Marcy, le 24 juin 1826.

Signé : LACROIX DE LAVAL,
Maire.

Comme cette permission renfermait des restrictions inadmissibles, dès qu'elle nous fut connue, nous la communiquâmes à M. le Préfet, en lui faisant observer qu'il s'agissait d'un *oui* ou d'un *non* pur et simple, et non point d'une modification dans les formes de notre culte ; ce qui n'entrait pas dans les attributions d'un maire ; que partout notre culte se célébrait à huis ouvert, et que M. le Maire de Sainte-Consorce ne pouvait établir pour sa petite commune une législation nouvelle ; que chaque protestant avait le droit d'aller entendre le service divin dans tel temple de sa communion qu'il lui plairait ; qu'un étranger pouvait s'introduire dans nos assemblées religieuses, soit à notre insçu, soit contre notre volonté, sans que nous pussions l'empêcher; qu'ainsi les restrictions ajoutées par M. le Maire à la permission qu'il avait accordée, devaient être regardées comme nulles. M. le Préfet nous répondit aussitôt, que d'après nos observations, il écrirait au Maire de Ste-Consorce, pour qu'il eût à modifier dans leur exécution ces restrictions qui nous paraissaient inadmissibles (1). Quant aux Maires des autres communes, ils répondirent que pour accorder la permission demandée par les propriétaires des locaux désignés pour notre culte, ils attendaient des instructions du Préfet. Nous sollicitâmes ce dernier de faire cesser l'hésitation des Maires, et de nous faire jouir des droits que les lois nous accordent (2).

Après de fort longs délais, M. le Préfet nous écrivit une lettre qui excita notre étonnement (3). Ce magistrat nous apprenait qu'il s'était élevé des réclamations sur la jouissance de nos droits religieux ; que l'on avait remarqué, dans nos réunions religieuses, des personnes qui s'y rendaient par des

---

(1) Voy. pièce n° III.

(2) Voy. pièce n° IV.

(3) Voy. pièce n° V.

motifs de haine contre un curé ; que maintenant tout ce qui touchait aux matières religieuses était dangereux ; et il concluait en nous invitant à ajourner les visites que nos pasteurs faisaient à nos coreligionnaires, pour leur porter les secours de la religion qu'ils réclamaient avec tant d'instance. Nous nous préparions à répondre d'une manière convenable à cette lettre, lorsqu'un incident nouveau vint absorber notre attention.

Depuis la permission accordée par M. le Maire de Sainte-Consorce, notre culte s'était célébré dans cette commune avec une tranquillité parfaite. M. le pasteur Claparède devait s'y rendre pour officier le dimanche 3 septembre dernier : une circonstance particulière l'engagea à différer jusqu'au dimanche suivant, 10 septembre ; les protestans de Sainte-Consorce en furent prévenus. Le 3 septembre, ils virent arriver dans le village une bande d'environ trente individus, tous étrangers à la commune, aux communes environnantes, et inconnus des habitans. Ces étrangers firent diverses questions sur notre culte, et parurent désappointés de ce que la célébration du service divin n'avait pas lieu ce jour-là. Le dimanche 10 septembre, M. le pasteur Claparède se rendit à Ste-Consorce ; mais par une dispensation de la Providence il ne prit pas la route qui passe au travers des bois de Charbonnière. Trois protestans de Lyon, qui seuls traversaient ces bois, furent tout-à-coup accostés par environ quinze individus cachés en embuscade dans les broussailles. Ces individus, après les avoir examinés avec curiosité, ne paraissant pas trouver en eux ce qu'ils cherchaient, les devancèrent en toute hâte à Sainte-Consorce. Là, ils furent joints par d'autres personnes, et furent reconnus par les habitans comme formant la même bande d'étrangers qui s'étaient présentés dans le village le dimanche précédent. Cette bande s'établit à quelque pas de notre maison de prière. Quatre ou cinq d'entre eux se glissent dans l'assemblée des fidèles.

Au milieu du service, l'un d'eux se lève, interrompt le culte, adresse au pasteur diverses interpellations, persévère quelque temps dans cette interruption, refuse de décliner son nom; le garde-champêtre se saisit de ce perturbateur, et a dû le remettre à l'autorité compétente. La douceur et en même temps la contenance ferme des protestans, engagèrent le reste de la troupe à se retirer sans commettre de désordre; et le service qui avait été interrompu, fut repris et achevé paisiblement.

De retour à Lyon, M. le pasteur Claparède fit connaître à M. le Procureur du Roi ce qui s'était passé à Sainte-Consorce, porta plainte, soit en son nom, soit au nom du Consistoire, contre l'individu inconnu qui avait troublé notre culte (1); il si-

---

(1) Voy. pièce n° VI.

gnala à ce magistrat les noms de deux personnes faisant partie de la bande qui avait accompagné l'interrupteur. Nous espérions qu'après cet événement, il nous serait accordé une protection plus efficace, lorsque le 16 septembre, M. le Préfet nous fit parvenir l'arrêté suivant pris par M. le Maire de Sainte-Consorce :

Le Maire de Marcy et Sainte-Consorce,

« Considérant, que le 10 de ce mois, dans la réunion
» dite protestante qui a eu lieu à Sainte-Consorce, et qui
» était composée les trois quarts de personnes étrangères
» à la commune, une rixe violente s'est élevée entre plu-
» sieurs personnes de cette assemblée ; que des coups ont
» été portés à un individu dont nous n'avons pu connaître
» le nom ; que des cris se sont fait entendre, et que le
» garde-champêtre a eu beaucoup de peine à séparer les
» combattans ;

» Considérant, que cette querelle a effrayé les paisibles
» habitans de la commune, dont plusieurs sont venus me
» déclarer avoir entendu proférer des menaces de ven-
» geance pour l'avenir ;

» Considérant, que nous n'avons d'autres moyens de
» prévenir de nouveaux désordres qu'en prohibant de pa-
» reilles réunions ;

» Arrête :

ARTICLE PREMIER.

» L'autorisation que nous avions donnée à la veuve Cazot
» de consacrer sa maison à l'assemblée de prière des pro-
» testans, est provisoirement suspendue.

Art. II.

» Le local où se réunissent les protestans le dimanche,
» sera provisoirement fermé.

Art. III.

» Il est défendu à tout habitant de la commune de rece-
» voir chez lui aucune réunion de personnes se disant pro-
» testantes, soit de la commune, soit étrangères.

Art. IV.

» Le garde-champêtre est requis de disperser tout at-
» troupement ou réunion illicite dans quelque local qu'il
» ait lieu; procès-verbal sera dressé contre les contreve-
» nans, et me sera de suite adressé.

Art. V.

» Le présent arrêté sera signifié à la veuve Cazot, et lu à
» la porte de l'église à l'issue de la messe paroissiale.

Art. VI.

» Le présent arrêté sera présenté à M. le Préfet, pour ob-
» tenir son autorisation. »

Fait à Marcy, le 14 septembre 1826.

Signé : LACROIX DE LAVAL, *Maire.*

« Vu à la préfecture du Rhône, pour recevoir son
» exécution provisoire jusqu'à la décision de Son Exc. le
» Ministre de l'intérieur. Il est bien entendu que l'art. 3
» n'aura d'effet que dans les limites posées par l'article 291

» du Code pénal. Il ne sera fait aucune publication dudit
» arrêté que par affiche. »

Lyon, 14 septembre 1826.

Pour M. le Préfet en congé :
Le Conseiller de Préfecture,

Signé : MENOUX.

Sur quoi nous observons en passant, que malgré la restriction apportée par M. le Préfet dans son approbation, nous avons su, de voie certaine, que ledit arrêté fut lu à la messe paroissiale par le curé du lieu.

Dès que cette pièce nous fut connue, nous nous hâtâmes de protester auprès de M. le Préfet contre la mesure qu'il venait d'approuver (1), nous appuyant, 1° sur ce que cet arrêté reposait sur des faits faux ou dénaturés. Car il est constant qu'il n'y a pas eu un seul coup porté ; que le garde-champêtre ne peut avoir eu de la peine à séparer les combattans, puisqu'il n'y a pas eu de combat ; qu'aucun protestant n'a entendu proférer de menaces, et qu'il est impossible que cette affaire ait effrayé les habitans de la commune, puisqu'elle consistait dans une discussion dans l'intérieur du local où se tenait notre réunion.

---

(1) Voy. pièce n° VII.

2° Sur ce que le susdit arrêté constituait un attentat manifeste à la liberté des cultes assurée par la Charte. Car il suffirait que dans tous les lieux du royaume où notre culte s'exerce, quelques malveillans troublassent nos exercices de piété, pour qu'aussitôt les maires pussent, en suivant la marche tracée par celui de Sainte-Consorce, faire fermer nos temples et déclarer, à son exemple, qu'ils n'ont d'autres moyens de prévenir le désordre que de punir les innocens, sans chercher à réprimer les coupables. Nous écrivîmes en même temps à Son Exc. le Ministre de l'intérieur, pour le prier de faire promptement révoquer une mesure aussi contraire aux lois et à nos droits religieux, et pour nous faire assurer la protection qui nous était due dans les divers lieux où notre culte devait se célébrer (1). Afin que S. Exc. fût mieux informée de tout ce qui s'était passé, nous joignîmes à cet envoi une ampliation de la plainte portée à M. le Procureur du Roi, ainsi que de la protestation déposée par nous entre les mains du Préfet. Le 5 octobre, S. Exc. nous répondit que puisque l'affaire avait été portée par nous au Procureur du Roi, l'Administration n'avait plus à s'en occuper. Nous avons écrit de suite à S. Exc. pour lui faire ob-

---

(1) Voy. pièce n° VIII.

server qu'il y avait dans cette affaire deux objets entièrement distincts : 1° la plainte portée au Procureur du Roi contre un individu inconnu, mais que le magistrat pouvait facilement découvrir, qui s'était rendu coupable d'un délit prévu par les lois; ce qui constituait un objet entièrement du ressort des tribunaux. 2° Que nous nous plaignions à S. Exc. de la mesure prise par le Maire de Sainte-Consorce, et approuvée par M. le Préfet, mesure administrative, et qu'il appartenait entièrement à l'Administration de révoquer (1).

Nous n'avons point encore reçu de réponse. Mais la clarté de nos droits, la grandeur de l'attentat porté à nos libertés religieuses, et par là même à celle de tous les protestans du royaume, la justice du Gouvernement qui avait, dès l'origine, reconnu combien était fondée notre demande, nous assurent que dans peu de temps nous pourrons vous apprendre que justice nous a été rendue, et réjouir ainsi tous nos coreligionnaires, dont la vive sollicitude à notre égard nous a singulièrement touchés.

Agréez l'expression de notre sincère affection en Jésus-Christ, notre divin Sauveur. Que sa paix soit toujours au milieu de vous. C'est le vœu que

---

(1) Voy. pièce n° IX.

forment, Messieurs et très-chers frères, vos très-humbles et obéissans serviteurs,

Pour et au nom du Consistoire de l'Église réformée de Lyon,

Le Président, G. PACHE, Pasteur.

Le Vice-Président, J. L. CLAPARÈDE, Pasteur.

Le Secrétaire-Adjoint, M. B. GROS.

PIÈCES JUSTIFICATIVES.

N° I.

Lettre du Consistoire de l'Église réformée de Lyon, à Son Exc. le Ministre de l'intérieur.

Lyon, le 24 mars 1826.

MONSIEUR LE COMTE,

L'Église consistoriale de Lyon se compose de trois sections : la première et la troisième section ont des pasteurs, la seconde n'en a point.

Cette seconde section se compose des communes qui avoisinent Lyon. Mais ces communes sont cependant trop éloignées de l'église centrale, pour que les protestans qui les habitent, puissent s'y rendre fréquemment; et il en résulte une privation complète des secours de la religion pour les vieillards, les infirmes et les malades.

Depuis long-temps, nos coreligionnaires sollicitent la visite de nos pasteurs, et nous sommes auprès de Votre Excellence les interprètes de leurs vœux.

La loi fondamentale du royaume autorise le libre exercice du culte protestant; mais cette autorisation serait illusoire, si ce libre exercice ne pouvait avoir lieu dans toute l'étendue de notre Église. Et comme, il y a trois ans, les fidèles de la petite ville de Tarare et communes environnantes, qui s'étaient réunis pour recevoir la communion des mains de leur pasteur, éprouvèrent à ce sujet quelques difficultés dont le renouvellement leur serait, ainsi qu'à nous, une véritable affliction; nous avons recours à Votre Excellence, pour qu'elle veuille bien inviter M. le Préfet à rappeler aux Autorités locales, que les protestans de Tarare et communes environnantes sont formellement autorisés par la loi à se réunir, soit à Tarare, soit dans l'une des communes de la seconde section, pour exercer leur culte, entendre la parole divine, et recevoir la visite et les secours spirituels de leurs pasteurs.

Nous avons l'honneur, etc.

Pour le Consistoire,
Le Président,
G. PACHE, *Pasteur*.

Le Secrétaire,

N° II.

Lyon, le 21 juin 1826.

MONSIEUR LE PRÉSIDENT,

Les propriétaires des locaux où se tiennent les réunions des protestans, ne peuvent se dispenser de demander directement à l'Autorité municipale la permission de consacrer tout ou partie de leurs maisons à cet usage ; autrement, ils encourent les peines portées par l'art. 294 du Code pénal.

Vous devez vous assurer que cette formalité a été remplie par les propriétaires chez lesquels vous avez choisi des lieux de réunion, pour l'administration des secours spirituels à vos coreligionnaires.

Cet article de la loi pénale est le seul qui puisse être appliqué au cas présent. Les art. 291 et 292 du même Code, qui interdisent toute association qui formerait une assemblée de plus de vingt personnes, sans l'agrément du Gouvernement, ne sauraient s'entendre de l'association des protestans, laquelle autorisée par la loi n'a pas besoin de l'être de nouveau par le Gouvernement.

Agréez, Monsieur le Président, etc.

Le Préfet du Rhône,

Comte DE BROSSES.

N° III.

Lyon, le 28 juin 1826.

MONSIEUR LE PRÉSIDENT,

D'après les observations contenues dans votre lettre du 27, j'engage M. le Maire de Marcy et Ste-Consorce à modifier, dans leur exécution, les restrictions que contient l'autorisation donnée par lui à la veuve Cazot.

Recevez, Monsieur le Président, etc.

Le Préfet du Rhône,

Comte DE BROSSES.

N° IV.

Lyon, le 19 août 1826.

Le VICE-PRÉSIDENT du Consistoire de l'Église réformée de Lyon,

A MONSIEUR LE PRÉFET, à Lyon.

M. Pache, président du Consistoire, a eu l'honneur d'entretenir une correspondance avec vous, relativement au ministère évangélique réclamé par les protestans, habitans de plusieurs communes du territoire attribué à la surveillance du Consistoire de Lyon, et dans le département du

Rhône; lesquelles communes sont trop éloignées de la ville de Lyon, pour que leurs habitans puissent habituellement y fréquenter leur culte. Ces communes sont : Tarare, Vernaison, Saint-Cyr, Fontaine et Sainte-Consorce.

Vous avez senti, Monsieur, tout ce que ce retour vers les idées religieuses avait de satisfaisant pour le maintien du bon ordre et le raffermissement des principes sociaux; et reconnaissant les droits que donnent aux protestans les lois qui nous régissent, et notamment la Charte constitutionnelle que nous devons à la sagesse de nos Rois, vous nous avez promis de protéger de votre autorité les exercices religieux, que nos pasteurs iraient faire de temps en temps dans les communes désignées. Vous les avez invités seulement à ne célébrer ces exercices que dans des maisons dont l'habitant se fût procuré l'autorisation du Maire, conformément à l'art. 294 du Code pénal.

C'est ce qui a été exécuté. Déjà des réunions religieuses ont eu lieu à Ste-Consorce, d'après l'approbation du Maire de la commune, et se répéteront dorénavant le dimanche à de certains intervalles. La meilleure harmonie n'a cessé de régner entre les habitans de l'une et l'autre communion, et tout s'y est passé dans l'ordre le plus satisfaisant.

Les protestans de Tarare, Vernaison, St-Cyr et Fontaine se sont présentés pareillement à leurs Maires respectifs. Tous ont répondu favorablement; mais tous, par une hésitation qui tient sans doute à la nouveauté du cas, ont ajourné leur approbation jusqu'au moment où ils auraient votre réponse au référé qu'ils voulaient vous en faire. Quoique ces démarches auprès des Maires aient été faites il y a plus d'un mois, ils prétendent être sans réponse de vous. Nous venons vous prier, Monsieur le Comte, de mettre un terme à des délais qui, prolongés davantage, auraient toute l'apparence d'un déni de justice.

Nos pasteurs mettent de l'intérêt à visiter en premier lieu Tararé : cette ville et les communes qui l'environnent, renferment quatre cents protestans, et sa distance de Lyon prive cette population de toute assistance religieuse.

Veuillez, Monsieur le Comte, donner vos directions aux Maires des communes que nous avons désignées; ensorte que les dispositions de la loi suprême ne reçoivent pas une opposition mal fondée à leur exécution.

Nous vous prions, en attendant, d'agréer, etc.

Pour le Consistoire,
Le *Vice-Président*,
CLAPARÈDE, *Pasteur*.

N° V.

Lyon, le 31 août 1826.

MONSIEUR LE VICE-PRÉSIDENT,

Des réclamations nombreuses se sont élevées contre le projet d'établir, dans les communes rurales du département, des réunions de prières pour les habitans protestans dont il a été plusieurs fois question entre nous. Déjà ce qui a eu lieu pour Sainte-Consorce, à une si grande proximité de la ville, excite des plaintes nombreuses. On a remarqué, non sans quelque raison, que plusieurs des individus qui s'y étaient réunis dans la salle, ou chapelle nouvellement disposée pour cette destination, étaient notoirement, d'après leurs propres discours, mus par des motifs purement humains de haine contre le curé de la paroisse, ou contre l'administration à laquelle ils attribuaient la suppression de leur succursale.

D'après la tournure actuelle des esprits, tout ce qui touche aux matières religieuses, devient facilement un sujet de trouble et de discorde, auxquels prennent part et se rallient tous ceux qui veulent se signaler par une opposition quelconque. Il ne convient pas de favoriser cette tendance.

Comme ministre et comme bon citoyen, la paix publique vous est chère; et je pense que vous verrez, comme moi, qu'il est opportun de ne pas presser une innovation qui serait peut-être sans inconvéniens pour divers endroits de la France, mais qui ne pourrait se concilier avec le caractère des habitans de ce département. J'ajouterai que la plupart des protestans, habitant la campagne, étant des ouvriers étrangers, des gens sans fortune, sans lieu fixe, changeant, pour ainsi dire, tous les jours de demeure, ils ne peuvent être assimilés aux familles domiciliées, ni compris comme habitans protestans du pays. Les habitans des communes voisines de Lyon, pour lesquelles vous demandez des réunions en lieux de prières, ont la facilité de venir au service dans le temple de Lyon. Ces considérations, Monsieur, auxquelles il me serait facile de donner plus de développemens, ont été appréciées par plusieurs chefs de famille, protestans sages autant que zélés; ils ne partagent point, à cet égard, les idées de M. le Président du Consistoire, et ne montrent nul désir à voir élever, en ce moment, dans les campagnes, des succursales réformées en rivalité des églises catholiques.

Ces mêmes considérations, je les soumets à votre sagesse, Monsieur; bien persuadé que vous saurez les apprécier, et qu'elles vous détermineront à ajourner l'exécution d'un projet qui entraînerait avec lui de fâcheux résultats.

Recevez, Monsieur, etc.

Le Préfet du Rhône,

Comte DE BROSSES.

N°. VI.

Plainte déposée au parquet de M. le Procureur du Roi.

Depuis quelque temps, le culte protestant se célèbre dans la commune de Sainte-Consorce, sous la protection de la Charte et des Autorités constituées; tous les quinze jours, un pasteur va y célébrer le culte divin. Le 3 de ce mois, (septembre 1826), on l'y attendait; mais l'absence d'un de ses collègues ne lui permit pas de s'y rendre : circonstance qui n'était connue que de peu de personnes, et dont cependant les protestans de Ste-Consorce avaient été avertis. Ce jour-là, une bande de vingt-cinq à trente malveillans, étrangers à Ste-Consorce et aux communes rurales voisines, et inconnus même à leurs habitans, se présenta à Ste-Consorce à l'heure du service : elle se fit ouvrir le local où l'on se rassemble pour la prière, et manifesta par des propos des intentions hostiles contre les protestans.

Le dimanche suivant, 10 du courant, le pasteur Claparède se rendit à pied de Lyon à Ste-Consorce, pour y célébrer le culte, et passa par St-Genis-les-Ollières. Quelques protestans, qui voulaient assister au service, suivirent la route ordinaire tracée dans les bois de Charbonnière : à leur passage, des cris en forme de signaux, partis du milieu du bois, attirèrent leur attention. Le sieur Bridel, l'un d'eux, pénétra dans le bois, y trouva environ quinze individus de mauvaise mine cachés et tapis comme en embuscade, qui, lorsque le sieur Bridel eut rejoint ses compagnons de voyage, s'avancèrent rapidement sur eux, les examinèrent, et les suivirent pendant quelque temps. L'heure du service sonnée, les fidèles remplissent le temple; on lit les prières accoutumées; le pasteur indique le psaume à chanter, quand un individu placé dans le temple, interrompt la célébration du culte en disant : Monsieur le ministre, élevé dans la religion catholique, j'ai appris que hors de la religion catholique l'homme ne peut être sauvé ; pourquoi venez-vous arracher à la religion catholique ces habitans, pour les conduire à leur damnation? Je désire avoir avec vous une discussion devant eux, pour les éclairer. Le pasteur lui répondit que ce n'était pas le lieu d'avoir une semblable discussion ; que s'il désirait quelques explications, quelques éclaircissemens, il pouvait se présenter chez lui pour les recevoir. Comme l'interrupteur continuait ses indécens propos, le pasteur lui dit : La loi déclare punissable votre conduite ; je vous engage à vous taire ou à sortir. Cet homme répliquait, quand le garde-champêtre lui demanda son nom, qu'il s'obstina à taire, le fit sortir pour le remettre entre les mains de l'Autorité, à telle fin que de droit.

Le service, après une assez longue interruption causée par cet homme, fut repris aussitôt que le garde-champêtre l'eut emmené. Quatre ou cinq acolytes de l'individu dont nous venons d'exposer la coupable conduite, s'étaient glissés avec lui au milieu de la réunion des protestans ; ils s'en retirèrent, les uns en même temps que lui, quelques autres un peu plus tard ; et tous allèrent rejoindre sur le chemin, en face un groupe d'environ vingt-cinq des leurs qui s'étaient réunis à dix pas de la maison où était l'assemblée.

La plupart de ces individus étaient armés de bâtons. Ces malveillans voulurent ensuite entrer en discussion avec quelques protestans, sortis pour s'informer par eux-mêmes de ce qui se passait au-dehors, et se répandirent en propos injurieux. L'un dit, entre autres choses : Ce misérable ministre reçoit un traitement plus élevé que les curés catholiques.

Les protestans répondirent avec la plus grande douceur, les exhortèrent à ne point troubler davantage leur culte, à se retirer, à songer que chrétiens, ils étaient frères et devaient en avoir les procédés.

L'audace de ces malintentionnés se brisa ainsi contre la modération, la fermeté et le nombre des protestans.

Cet attentat est un trouble à la paix publique, au libre exercice des cultes garantis par la Charte et les lois. Aussi, le soussigné croit devoir, comme citoyen et comme protestant, rendre la plainte devant vous, persuadé que vous répondrez à l'honorable mandat que vous tenez du Roi, et à la confiance de ses sujets.

CLAPARÈDE, *Pasteur*.

J'autorise, au nom du Consistoire, M. Claparède à présenter la susdite plainte.

Le Président,
G. PACHE, Pasteur.

N° VII.

Lyon, le 17 septembre 1826.

MONSIEUR LE PRÉFET,

Si nous n'avons pas répondu plus tôt à votre lettre du 31 août dernier, c'est que dans cette lettre il n'était nullement question de suspendre notre culte à Ste-Consorce. Vous ne parliez que de l'établissement projeté de maisons de prières dans les communes de Tarare, Villefranche, St-Cyr, Fontaine et Vernaison. Les considérations que vous nous présentiez pour l'ajournement de ce projet, ne nous ont point paru capables de militer contre les demandes que le Consistoire, après délibération, avait chargé son Président de vous faire parvenir; parce que ces demandes ne sont que l'expression des droits que la loi nous accorde, droits qui ont été reconnus par Son Exc. le Ministre de l'intérieur dans deux lettres itératives, qu'il vous avait adressées à cet égard, et par vous-même, Monsieur le Préfet, dans votre lettre du 21 juin dernier. Mais nous avions pris du temps pour répondre convenablement à votre lettre du 31 août.

(26)

Quant à Sainte-Consorce, la seule formalité voulue par l'art. 294 du Code pénal ayant été remplie, et notre culte s'y célébrant tranquillement depuis plusieurs mois, le culte n'était plus un projet dont on pouvait demander l'ajournement. Quelle n'a donc pas été notre surprise et notre douleur, en recevant hier de votre part un arrêté de M. le Maire de Marcy et Sainte-Consorce, sanctionné par vous, portant l'ordre de fermer notre maison de prière et de suspendre notre culte! Aussi, Monsieur, nous venons protester hautement contre l'arrêté de M. le Maire de Marcy et Sainte-Consorce, en date du 14, et contre l'approbation que vous lui avez donnée :

1° Parce que cet arrêté repose sur des faits faux ou entièrement dénaturés ;

2° Parce qu'au lieu de réprimer et punir les coupables, tous étrangers à la commune, qui, en interrompant notre culte, dimanche 10 du courant, ont commis un délit prévu par le Code, M. le Maire frappe ceux qu'il devrait défendre et protéger ;

3° Parce que cet arrêté et l'approbation que vous lui avez donnée, détruisent la liberté des cultes, et sont en contradiction formelle avec la Charte et les lois qui nous régissent.

Si prompte justice ne nous était pas rendue, nous serions forcés de publier toutes les pièces de cette affaire, afin de faire connaître à tous nos coreligionnaires l'atteinte énorme qui vient d'être portée à notre liberté religieuse, de les prévenir sur les dangers qui menaceraient ainsi deux millions de Français ; car si l'on méconnaît de cette manière nos droits religieux, nos droits civils qui nous sont moins chers seraient-ils mieux respectés ? Au reste, nous écrivons par le courrier à Son Exc. le Ministre de l'intérieur à ce sujet; et les promesses que Son Excellence nous a fait adresser, sa volonté itérativement à vous exprimée, la clarté des lois en notre faveur, nous rendent certains que l'attaque portée aux droits religieux des protestans ne sera pas tolérée.

Nous avons l'honneur, etc.

Pour le Consistoire,
Le Président,
G. PACHE, *Pasteur.*

Le Secrétaire-Adjoint, M. B. GROS.

N° VIII.

A Son Excellence le Ministre de l'intérieur.

Lyon, le 17 septembre 1826.

MONSEIGNEUR,

Dans la lettre que nous avons eu l'honneur de vous adresser, en date du 25 mai dernier, nous vous avons fait connaître les nouvelles difficultés que l'on apportait à la demande que nous avions adressée à Votre Excellence en date du 24 mars 1826. Vous eûtes la bonté de lever les difficultés par une deuxième lettre que vous adressâtes à M. le Préfet du Rhône; celui-ci nous annonça alors, que nous n'avions qu'à faire remplir la formalité exigée par l'article 294 du Code pénal, et qu'il donnerait à MM. les Maires des ordres à ce sujet. Cette formalité ayant été remplie pour Sainte-Consorce, notre culte y fut célébré. Quant aux cinq communes où un culte était nécessaire aux besoins de notre Eglise, un retard que nous ne pouvions expliquer nous ayant engagés à écrire de nouveau à M. le Préfet pour le prier de hâter la réponse des Maires, M. le Préfet nous écrivit, en date du 31 août, pour nous engager à suspendre nos demandes à cet égard. Comme les considérations qu'il nous présentait n'étaient nullement fondées, nous nous préparions à écrire à V. Exc., selon qu'elle nous y avait invités, afin de la solliciter de donner un troisième ordre à ce sujet à

M. le Préfet, quand celui-ci nous communiqua hier un arrêté de M. le Maire de Marcy et Sainte-Consorce, approuvé par lui-même, et qui, en nous interdisant notre culte dans cette commune, porte à nos droits religieux l'atteinte la plus grave. Cet arrêté repose d'ailleurs sur les faits les plus inexacts, comme V. Exc. pourra s'en convaincre par la plainte que nous avons adressée à M. le Procureur du Roi, et dont nous vous transmettons une ampliation. Nous avons protesté, auprès de M. le Préfet, contre cette violation manifeste de nos droits, et nous transmettons encore à V. Exc. une copie de cette protestation. Nous venons donc supplier V. Exc. d'avoir la bonté d'écrire promptement à M. le Préfet, pour l'engager à retirer l'arrêt attentatoire à nos droits qu'il a provisoirement sanctionné. Nous avons une pleine confiance en V. Exc., dont les décisions antérieures à cet égard nous sont un sûr garant que justice nous sera rendue.

Nous avons l'honneur, etc.

Pour le Consistoire,
Le Président,
G. PACHE, *Pasteur.*

Le Secrétaire-Adjoint, M. B. GROS.

N° IX.

A Son Excellence le Ministre de l'intérieur.

Lyon, le 9 octobre 1826.

MONSEIGNEUR,

Dans la lettre dont Votre Excellence nous a honorés le 5 de ce mois, vous nous dites que, puisque M. le Procureur du Roi a été saisi par nous-mêmes de l'affaire relative à Sainte-Consorce, il n'appartient plus à l'Administration d'y intervenir. Il paraît que, dans la lettre que nous avons adressée à Votre Excellence le 17 septembre dernier, nous ne nous étions pas exprimés assez clairement. L'objet de la plainte portée à M. le Procureur du Roi est tout-à-fait différent de celui de la lettre que nous vous adressions. Nous avons porté plainte à M. le Procureur du Roi contre un individu inconnu (mais que d'après les renseignemens fournis, il pourra découvrir avec la plus grande facilité), qui a interrompu et troublé notre culte, délit prévu et déterminé par le Code pénal. Dans la lettre adressée à Votre Excellence, nous nous sommes plaints d'un arrêté de M. le Maire de Marcy et Sainte-Consorce, qui est un attentat manifeste contre la liberté des cultes. Nous avons prié Votre Excellence de révoquer cet arrêté, et de nous maintenir dans le droit que les lois nous accordent et que Votre Excellence a reconnu, dans deux lettres à M. le Préfet, dont communication nous a été faite. Ce que nous demandons à Votre Excellence est tout-à-fait un objet d'administration. La mesure prise par M. le Maire, a excité au plus haut point la douleur et l'indignation des protestans de ce département. La nouvelle en étant déjà répandue dans quelques départemens méridionaux, nous recevons d'une foule d'Églises des lettres qui nous demandent des détails, et qui manifestent la vive impression, que l'attentat dirigé contre notre culte a produite chez tous nos frères. Il est donc urgent que Votre Excellence veuille calmer cette agitation, en écrivant d'une manière péremptoire aux Autorités de ce département, que justice doit nous être rendue, et qu'elle leur fasse sentir que la loi fondamentale qui nous régit, doit être respectée à notre égard.

Dans l'espoir d'une prompte réponse, nous avons, etc.

Pour le Consistoire,
Le Président,
G. PACHE, Pasteur.

Le Secrétaire, M. B. GROS.

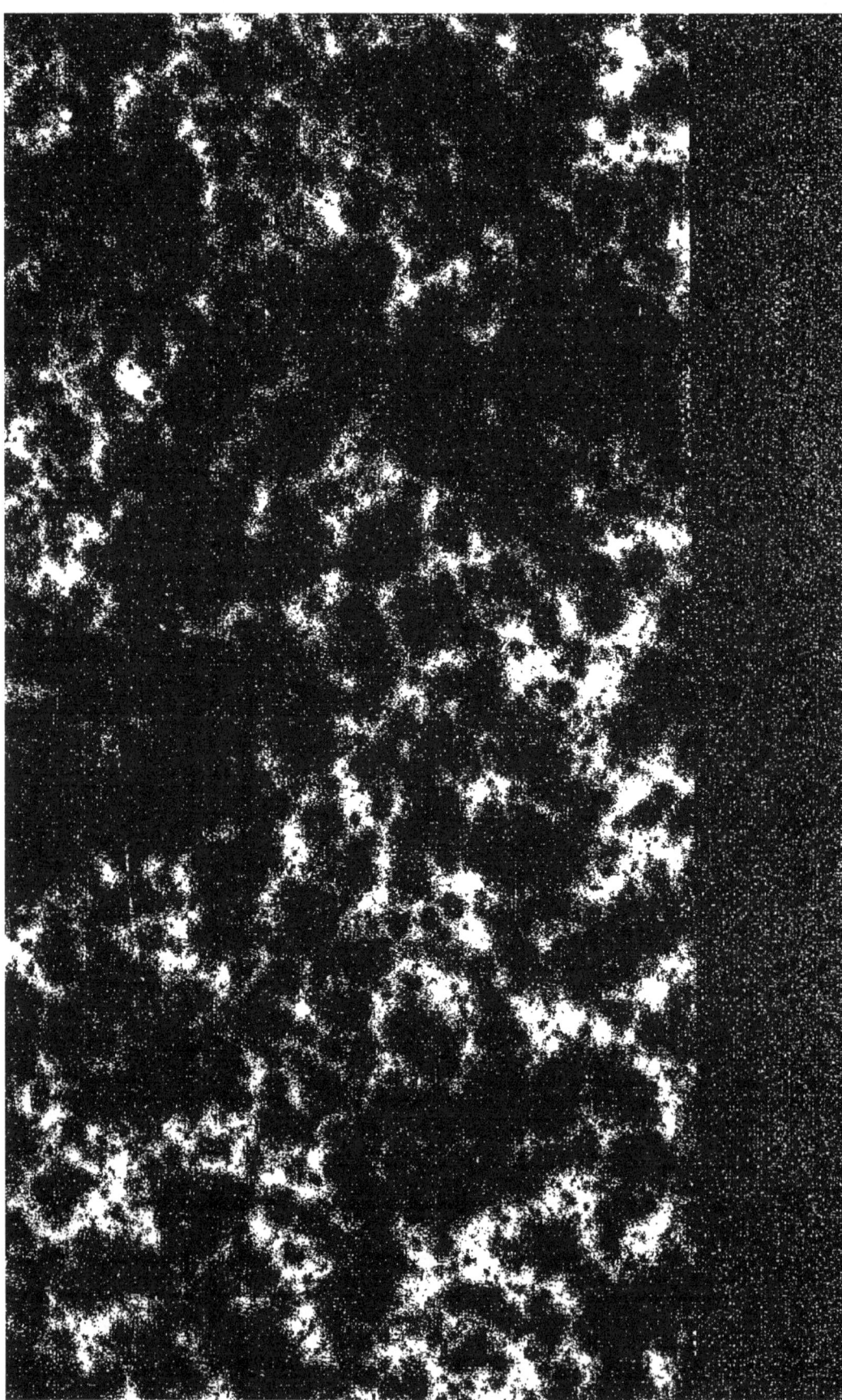

www.ingramcontent.com/pod-product-compliance
Lightning Source LLC
Chambersburg PA
CBHW060540050426
42451CB00011B/1789